AUFLEVELN FÜHRUNG

VON

Donald P. Tamez

INHALTSVERZEICHNIS

Einführung

Kapitel eins

Konzept der Level-Up-Führung

Kapitel Zwei

Prinzipien der Level-Up-Führung

Kapitel drei

Vorteile der Level-Up-Führung

Kapitel Vier

Wie man Level-Up-Führung in Organisationen implementiert

Fazit

Einführung

Führung ist ein sich ständig weiterentwickelnder Bereich, in dem ständig neue Theorien und Methoden entwickelt werden, um die Effektivität der Organisation und die Zufriedenheit der Mitarbeiter zu steigern. Das Konzept der Level-up-Führung ist eine dieser Methoden, die in den letzten Jahren an Bedeutung gewonnen hat. Bei diesem Konzept geht es darum, Führungskräften dabei zu helfen, ihre Fähigkeiten zu verbessern und die nächste Führungsebene zu erreichen. Es beinhaltet das Coaching von Führungskräften, ihre Komfortzone zu verlassen, ihre Annahmen zu hinterfragen und neue Fähigkeiten zu entwickeln, die erforderlich sind, um ihre Teams effektiv zu führen.

Dieses Buch bietet eine eingehende Diskussion über Level-up-Führung, einschließlich ihres Konzepts, ihrer Prinzipien, Vorteile und wie sie in Organisationen implementiert werden kann.

Kapitel eins

Konzept der Level-Up-Führung

Das Konzept der Level-Up-Führung basiert auf Gamification-Prinzipien. Es beinhaltet einen schrittweisen Ansatz zur Entwicklung von Führungskräften, wobei jede Ebene unterschiedliche Qualifikationsniveaus darstellt. Genau wie in einem Videospiel, in dem Spieler auf höhere Ebenen aufsteigen, wenn sie neue Fähigkeiten beherrschen, bedeutet das Aufsteigen von Führung, dass Führungskräfte auf die nächste Ebene aufsteigen, während sie neue Führungsfähigkeiten entwickeln. Es ist auch ein

strategischer Ansatz, der
Führungskräften helfen soll, ihre Ziele
effizienter und effektiver zu erreichen,
und sie gleichzeitig befähigt, ihr Team
zu inspirieren und zu motivieren.
Das Konzept der Level Up Leadership
dreht sich um die Idee, dass
Führungskräfte ständig nach
Selbstverbesserung und persönlicher
Entwicklung streben sollten. Indem sie
ihre Fähigkeiten und ihr Wissen
verbessern, können sie in ihren Rollen
effektiver werden und einen größeren
Einfluss auf ihre Organisation
ausüben.

Im Kern betont Level Up Leadership
die Bedeutung von kontinuierlichem
Lernen und Wachstum, sowohl für die
Führungskraft als auch für ihr Team.
Das bedeutet, Zeit und Ressourcen in

Schulungs- und
Entwicklungsprogramme, Coaching
und Mentoring-Möglichkeiten zu
investieren. Es bedeutet auch, hohe
Standards für Leistung und
Verantwortlichkeit zu setzen und sich
selbst und andere herauszufordern,
sich ständig zu verbessern.
Eine weitere kritische Komponente
der Level-Up-Führung ist die
Fähigkeit, sich in herausfordernden
Situationen anzupassen und agil zu
sein. Führungskräfte müssen in der
Lage sein, durch komplexe und sich
ständig verändernde Umgebungen zu
navigieren, schnelle Entscheidungen
zu treffen und bei Bedarf
umzuschwenken. Eine aufsteigende
Führungskraft begrüßt nicht nur
Veränderungen, sondern führt ihr

Team auch mit Zuversicht und Klarheit durch diese.

Letztendlich geht es beim Level Up Leadership darum, einen proaktiven und absichtlichen Führungsansatz zu verfolgen. Es erfordert die Bereitschaft, die eigene Komfortzone zu verlassen, Risiken einzugehen und neue Ideen und Ansätze anzunehmen. Auf diese Weise können Führungskräfte eine Kultur des Wachstums und der Innovation schaffen, die den Erfolg vorantreibt und ihr Team inspiriert. Zusammenfassend lässt sich sagen, dass Level Up Leadership ein leistungsstarkes Konzept ist, das Führungskräfte und ihre Organisationen verändern kann. Es geht darum, kontinuierlich nach

Exzellenz zu streben, Veränderungen und Wachstum anzunehmen und andere dazu zu inspirieren, dasselbe zu tun. Mit einem Fokus auf kontinuierliche Verbesserung, Anpassungsfähigkeit und Innovation können Level-Up-Leader außergewöhnliche Ergebnisse erzielen und das volle Potenzial ihrer Teams freisetzen.

Kapitel Zwei

Prinzipien der Level-Up-Führung

Level up Leadership ist eine Managementphilosophie, die sich auf ständige Verbesserung und Wachstum sowohl in der persönlichen als auch in der beruflichen Entwicklung konzentriert. Die Prinzipien von Level Up Leadership basieren auf der Überzeugung, dass Führung eine Reise ist und Führungskräfte ständig danach streben müssen, ihre Fähigkeiten zu verbessern und weiterzuentwickeln, um größeren Erfolg zu erzielen. Einige dieser Prinzipien umfassen:

Selbstbewusstsein.

Dies beinhaltet ein Verständnis der persönlichen Stärken, Schwächen und Werte. Es beinhaltet auch die Erkenntnis, wie sich das eigene Verhalten und Handeln auf andere auswirkt. Führungskräfte, die sich ihrer selbst bewusst sind, können ihre Emotionen besser steuern, stärkere Beziehungen aufbauen und bessere Entscheidungen treffen.

Optimismus und Zukunftsorientierung.

Führungskräfte mit positivem Ausblick und einer klaren Zukunftsvision inspirieren ihre Teams zu Höchstleistungen. Sie erzeugen auch Begeisterung und Energie, die

ihren Teams helfen,
Herausforderungen zu meistern und
Ziele zu erreichen.

Konzentrieren Sie sich auf kontinuierliche Verbesserung.

Führungskräfte sollten eine
wachstumsorientierte Denkweise
annehmen und offen dafür sein, Neues
zu lernen und auszuprobieren. Sie
sollten ihre Teams ermutigen, dasselbe
zu tun, und ihnen Möglichkeiten
bieten, neue Fähigkeiten und
Fertigkeiten zu entwickeln.

Empathie und Mitgefühl.

Große Führungskräfte wissen, wie
wichtig es ist, sich in die Lage anderer
Menschen zu versetzen. Sie zeigen

Empathie für die Probleme ihrer Teammitglieder und versuchen, ihre Bedürfnisse und Wünsche zu verstehen. Dadurch bauen sie stärkere Beziehungen auf und schaffen ein positives Arbeitsumfeld.

Seien Sie ein dienender Leiter.

Führungskräfte, die dienende Führung praktizieren, stellen die Bedürfnisse ihrer Teammitglieder über ihre eigenen Bedürfnisse. Sie sind bereit, ihren Teams zu dienen, sie zu unterstützen und zu befähigen, indem sie mit gutem Beispiel vorangehen und einen Ton der Zusammenarbeit und Kooperation vorgeben.

Fortlaufendes Lernen

Level up Leadership basiert auf dem Prinzip des kontinuierlichen Lernens. Führungskräfte, die eine höhere Führungsebene praktizieren, verpflichten sich, neue Fähigkeiten zu erlernen, die ihnen helfen, ihre Teams besser zu führen. Sie sind ständig auf der Suche nach neuen Informationen, nehmen an Schulungen teil und lesen Bücher auf ihrem Gebiet, um ihr Wissen und ihre Fachkenntnisse zu erweitern.

Hinterfragen Sie Annahmen

Ein weiteres Prinzip der Level-Up-Führung ist das Hinterfragen von Annahmen. Führungskräfte werden ermutigt, ihre

Annahmen zu überdenken, um festzustellen, ob sie ihr Potenzial einschränken. Sie werden ermutigt, alles zu hinterfragen und neue Ideen zu erforschen, auch wenn sie unkonventionell erscheinen.

Gehen Sie kalkulierte Risiken ein

Führungskräfte, die Level Up Leadership praktizieren, müssen bereit sein, kalkulierte Risiken einzugehen. Sie müssen den Mut haben, ihre Komfortzone zu verlassen und Neues auszuprobieren, um ihre Erfolgschancen zu erhöhen. Sie müssen aber auch die mit ihrem Handeln verbundenen Risiken verstehen und fundierte Entscheidungen auf der Grundlage von Daten und Analysen treffen.

Kontinuierliches Feedback

Führungskräfte, die eine höhere Führungsebene praktizieren, wissen, wie wichtig Feedback ist. Sie holen aktiv Feedback von ihren Teammitgliedern, Kollegen und Vorgesetzten ein, um Bereiche für Verbesserungen zu identifizieren. Sie geben ihren Teammitgliedern auch Feedback, um ihnen zu helfen, ihre Fähigkeiten zu verbessern und ihr Potenzial zu steigern.

Kapitel drei

Vorteile der Level-Up-Führung

Eine höhere Führungsebene hat mehrere Vorteile sowohl für die Führungskraft als auch für ihre Teammitglieder. Einige dieser Vorteile umfassen:

Verbesserte Führungsqualitäten

Einer der Hauptvorteile von Level Up Leadership sind verbesserte Führungsqualitäten. Führungskräfte, die Führung auf höchstem Niveau praktizieren, entwickeln ihre Fähigkeiten ständig weiter und befähigen sie, ihre Teams besser zu führen. Sie sind effektiver in der Kommunikation, Entscheidungsfindung und Problemlösung.

Mitarbeiterzufriedenheit

Eine höhere Führungsebene führt auch zu Mitarbeiterzufriedenheit. Wenn Führungskräfte daran arbeiten, ihre Fähigkeiten zu verbessern, verbessert dies die Teammoral, steigert das Engagement der Mitarbeiter und hilft, die Fluktuation zu reduzieren. Mitarbeiter fühlen sich geschätzt, wenn ihre Führungskräfte sich für ihre Entwicklung einsetzen und ihnen Möglichkeiten zum Lernen und Wachsen bieten.

Organisatorischer Erfolg

Schließlich kann die Implementierung von Level-up-Leadership zu organisatorischem Erfolg führen. Wenn Führungskräfte ihre Fähigkeiten kontinuierlich verbessern, trägt dies dazu bei, eine Kultur der Innovation und der kontinuierlichen Verbesserung innerhalb der Organisation zu schaffen. Teams sind produktiver, und die Organisation als Ganzes ist besser gerüstet, um Herausforderungen zu bewältigen und Chancen zu nutzen.

Erhöhte Produktivität

Führungskräfte, die aufsteigen, können Aufgaben besser delegieren, effektive Anleitung geben und ihre Teammitglieder motivieren, was letztendlich zu einer höheren Produktivität führt.

Verbesserte Kommunikation

Level-Up-Führungskräfte können besser kommunizieren, sowohl verbal als auch nonverbal, was dazu beiträgt, positive Beziehungen zu Teammitgliedern und Stakeholdern zu fördern.

Bessere Entscheidungsfindung

Führungskräfte, die aufsteigen, verfügen über ein höheres Maß an emotionaler Intelligenz, kritischem Denken und Fähigkeiten zur Problemlösung, wodurch sie fundiertere Entscheidungen treffen können.

Mehr Vielseitigkeit

Führungskräfte, die aufsteigen, verfügen über vielfältige Fähigkeiten, die es ihnen ermöglichen, sich an unterschiedliche Situationen und Führungsstile anzupassen.

Erhöhtes Engagement der Mitarbeiter

Aufsteigende Führungskräfte sind besser darin, die Bedürfnisse und Anliegen ihrer Mitarbeiter zu erkennen und darauf einzugehen, was zu einem höheren Mitarbeiterengagement und einer höheren Arbeitszufriedenheit führt.

Verbesserte Moral

Führungskräfte, die aufsteigen, inspirieren ihre Teammitglieder zu besseren Leistungen und schaffen eine positive Arbeitskultur, die zu einer verbesserten Mitarbeiter Moral führt.

Wettbewerbsvorteil

Level Up Leadership kann einem Unternehmen einen Wettbewerbsvorteil gegenüber seinen Konkurrenten verschaffen, indem es ihm ermöglicht wird, sich an sich ändernde Marktbedingungen und neue Trends anzupassen.

Level Up Leadership kann zahlreiche Vorteile sowohl für die Führungskraft als auch für das Unternehmen bringen, was es zu einer lohnenden Investition für jedes Unternehmen macht, das im heutigen schnelllebigen Geschäftsumfeld erfolgreich sein und gedeihen möchte.

Kapitel Vier

Wie man Level-Up-Führung in Organisationen implementiert

Die Implementierung von Level Up Leadership in Organisationen erfordert einen spezifischen Ansatz. Einige der kritischen Schritte umfassen:

Definieren Sie die Führungsqualitäten

Der erste Schritt besteht darin, die spezifischen Führungsqualitäten zu definieren, die für jede Ebene erforderlich sind. Die Organisation muss die spezifischen Kompetenzen für jede Ebene skizzieren und Tools und Ressourcen bereitstellen, die es Führungskräften ermöglichen, diese Fähigkeiten zu entwickeln.

Schätzen Sie das aktuelle Fähigkeitsniveau ein

Sobald die Führungsfähigkeiten definiert sind, muss die Organisation das aktuelle Fähigkeitsniveau jeder Führungskraft bewerten. Eine Bewertung kann dabei helfen, Stärken und Schwächen zu identifizieren und das Ausgangsniveau zu bestimmen.

Erstellen Sie einen Entwicklungsplan

Erstellen Sie basierend auf der Bewertung einen Entwicklungsplan für jede Führungskraft. Der Entwicklungsplan sollte die spezifischen Fähigkeiten und Verhaltensweisen umreißen, die die Führungskraft entwickeln muss, um die nächste Stufe zu erreichen.

Bieten Sie Training und Coaching an

Bieten Sie Schulungen und Coaching an, um Führungskräften dabei zu helfen, die in ihren Entwicklungsplänen beschriebenen Fähigkeiten zu entwickeln. Das Training kann Kurse, Workshops,

Mentoring und Coaching-Sitzungen umfassen.

Rückmeldung geben

Geben Sie den Führungskräften regelmäßig Feedback, sowohl zu ihren Stärken als auch zu Verbesserungsmöglichkeiten. Feedback kann Führungskräften helfen zu verstehen, wie sie vorankommen und woran sie arbeiten müssen, um die nächste Stufe zu erreichen.

Fortschritt verfolgen

Verfolgen Sie schließlich den Fortschritt der Führungskräfte auf dem Weg zur nächsten Führungsebene. Bieten Sie

regelmäßige Bewertungen an, damit
sie verstehen, wo sie stehen und was
sie tun müssen, um voranzukommen.

Förderung einer
unterstützenden Kultur

Unternehmen müssen eine Kultur des
Vertrauens, der Zusammenarbeit und
der Verantwortlichkeit schaffen, die
die Mitarbeiter ermutigt,
Verantwortung für ihre Arbeit und
Entscheidungsfindung zu
übernehmen.

Bereitstellung von Schulungs-
und Entwicklungsmöglichkeiten

Mitarbeitern die Möglichkeit zu geben,
ihre Fähigkeiten und ihr Wissen zu
lernen und zu erweitern, kann ihnen

helfen, sich zu verbessern und Führungsverantwortung zu übernehmen, wenn sie kompetent werden.

Informationen teilen

Wenn Mitarbeiter Zugang zu Informationen über die Ziele, Strategien und Pläne der Organisation erhalten, können sie fundierte Entscheidungen treffen und ihre Arbeit proaktiv angehen.

Förderung von Kreativität und innovativem Denken

Organisationen, die Kreativität und Innovation unterstützen, ziehen und halten mit größerer Wahrscheinlichkeit Mitarbeiter, die sich für ihre Arbeit begeistern und kreative Lösungen für komplexe Probleme entwickeln können.

Bürokratie abbauen

Durch den Abbau von Bürokratie und mehr Autonomie für Mitarbeiter können Engpässe bei der Entscheidungsfindung verringert und schnellere und effektivere Reaktionen auf Chancen oder Herausforderungen ermöglicht werden.

Anerkennung und Belohnung von Leistungen

Organisationen sollten die Leistungen der Mitarbeiter, ob groß oder klein, anerkennen und belohnen, wenn sie entstehen. Diese Anerkennung kann dazu beitragen, die Moral aufzubauen und die Mitarbeiter zu ermutigen, sich weiter anzustrengen, um noch mehr zu erreichen.

Fazit

Level Up Leadership ist ein wirkungsvoller Ansatz zur Entwicklung von Führungskräften, der Führungskräften helfen kann, ihre Fähigkeiten zu verbessern und auf die nächste Führungsebene zu gelangen. Dieser Ansatz basiert auf bestimmten Prinzipien wie kontinuierliches Lernen, das Hinterfragen von Annahmen, das Eingehen kalkulierter Risiken und kontinuierliches Feedback.

Die Implementierung von Level Up Leadership in Organisationen erfordert die Definition der erforderlichen Führungsqualitäten, die Bewertung des aktuellen Qualifikationsniveaus der

Führungskräfte, die Erstellung eines Entwicklungsplans, die Bereitstellung von Schulungen und Coaching, das Anbieten von Feedback und die Verfolgung des Fortschritts. Mit solchen Maßnahmen ist es Unternehmen möglich, eine starke und zuverlässige Belegschaft aufzubauen.